El país de la libertad

La Estatua de la Libertad

Anne Hempstead

Heinemann Library
Chicago, Illinois

Printed in China by WKT Company Limited
Translated into Spanish and produced by DoubleOPublishing Services
Photo research by Julie Laffin

10 09 08 07 06
10 9 8 7 6 5 4 3 2 1

ISBN 978-1-4034-7604-3 (hc) -- 1-4034-7604-7 (hc)
ISBN 978-1-4034-7506-0 (pb) -- 1-4034-7506-7 (pb)

Library of Congress Cataloging-in-Publication Data:
Hempstead, Anne.
  [Statue of Liberty. Spanish]
  La Estatua de la Libertad / Anne Hempstead.
      p. cm. -- (El país de la libertad)
  Includes bibliographical references and index.
  ISBN 1-4034-7604-7 (hb - library binding) -- ISBN 1-4034-7506-7 (pb)
  1. Statue of Liberty (New York, N.Y.)--Juvenile literature. 2. New York (N.Y.)--Buildings,
structures, etc.--Juvenile literature. I. Title.
  F128.64.L6H2818 2006
  974.7'1--dc22
                              2006035473

Acknowledgments
The author and publisher are grateful to the following for permission to reproduce copyright
material:
p.4 Corbis, pp.6,8, 12, 22, 24 Corbis/Bettmann, pp.10, 14, 17, 18, 21 Library of Congress,
p.27 Corbis/Peter Trunley

Cover photo: Corbis/Zefa/Alan Schein

Every effort has been made to contact the copyright holders of any material reproduced in this
book. Any omissions will be rectified in subsequent printings if notice is given to the publishers.

Contenido

Capítulo 1:
Una idea magnífica

Para muchas personas de todo el mundo, la Estatua de la Libertad es un símbolo de libertad y de los EE.UU. Pero la idea de la Estatua de la Libertad no nació en los Estados Unidos. Comenzó como un comentario casual acerca de la libertad y de la amistad hecho durante una cena en Francia en 1865.

Un grupo se había reunido en la casa de Edouard de Laboulaye, en las afueras de París, Francia, para hablar de política. En esa época, Francia estaba gobernada por el Emperador Napoleón III. La manera en que él gobernaba Francia privaba a los ciudadanos franceses de muchos de sus derechos.

De Laboulaye era un famoso profesor de leyes y miembro del Senado francés. Admiraba a los Estados Unidos por sus principios de libertad individual y **democracia.** De Laboulaye y sus invitados se oponían enérgicamente al gobierno de Francia. En la fiesta, los invitados comentaban la amistad entre Francia y los EE.UU. Durante la Guerra de Independencia, Francia había provisto de armas, soldados y dinero a las colonias norteamericanas.

Franceses como el Marqués de Lafayette habían servido en el ejército. Tras la independencia, George Washington eligió al ingeniero francés Pierre L'Enfant para que diseñara la nueva capital, Washington, D.C.

Los invitados querían construir una nueva **república** en Francia utilizando la **democracia** estadounidense como modelo. Los Estados Unidos se aproximaban a su primer centenario. Para festejarlo, de Laboulaye propuso que Francia diera al pueblo estadounidense un gran monumento en honor a la libertad humana. Dicho regalo cimentaría la amistad entre ambos países. También creía que ayudaría a ganar el apoyo de los EE.UU en la lucha por el autogobierno en Francia.

Frédéric Auguste Bartholdi

La sugerencia de De Laboulaye cautivó de inmediato la imaginación de uno de sus invitados, un joven escultor llamado Frédéric Auguste Bartholdi. Bartholdi había estudiado pintura, arquitectura y escultura en París. A los 19 años, había creado la estatua del legendario héroe francés, el General Jean Rapp. La estatua medía 12 pies (4 metros) de altura y casi tocaba el techo del estudio del artista. La estatua tuvo gran éxito.

Frédéric Auguste Bartholdi, el escultor de la Estatua de la Libertad.

El estilo neoclásico

En el arte y la arquitectura, el término *neoclásico* se refiere a las obras que se inspiran en los diseños griegos y romanos. Este estilo fue muy popular durante la Revolución Francesa y la Norteamericana. Los revolucionarios veían a los griegos y a los romanos como ejemplos de democracias antiguas. El estilo perdió parte de su popularidad a comienzos del siglo XIX, pero todavía se utiliza.

La idea de De Laboulaye de construir un monumento especial entusiasmó a Bartholdi. Había desarrollado una pasión por los monumentos gigantescos. Una estatua así pondría a prueba su talento como artista. También le daría la oportunidad de expresar su creencia en la libertad y la democracia. Recordando, años más tarde, Bartholdi escribió que la idea del monumento se había fijado con fuerza en su mente. Durante los veintiún años siguientes, Bartholdi trabajó para hacer realidad este monumento a la libertad.

Arte a gran escala

Bartholdi no era el único que amaba el arte a gran escala. Los monumentos y estatuas públicas de gran tamaño se hicieron muy populares en el siglo XIX. Se creaban para honrar a líderes políticos o héroes militares, para recordar acontecimientos políticos importantes, o para simbolizar principios e ideales. Como muchos otros artistas de su tiempo, Bartholdi viajó a Egipto para estudiar las maravillas de la Antigüedad. El joven escultor se vio abrumado por el tamaño y la grandiosidad de las pirámides y de la Gran Esfinge. Volvió a Francia decidido a hacer una estatua de tamaño **colosal**.

En 1867, Bartholdi trazó los planos para un faro en el Canal de Suez. Propuso un concepto espectacular, basado en las estatuas clásicas romanas y en el Coloso de Rodas. El faro de Bartholdi tenía la forma de una gigantesca mujer egipcia portando una antorcha. Lo llamó "Egipto llevando la luz a Asia". El faro nunca se llegó a construir, pero la idea de la mujer con la antorcha permaneció en la imaginación de Bartholdi.

Bartholdi estaba convencido de que era hora de crear una estatua para honrar la libertad estadounidense. Una guerra entre Francia y Alemania había causado la caída de Napoleón III, y Francia estaba lista para un cambio político. De Laboulaye animó a Bartholdi a visitar los Estados Unidos. Esperaba que la idea

El Coloso de Rodas

El Coloso de Rodas era una de las siete maravillas de la Antigüedad. Se cree que fue una estatua gigante de bronce, que medía 150 pies (46 metros) de alto y representaba a Helios, dios del sol. La estatua se construyó a la entrada del puerto de la isla griega de Rodas y permaneció allí durante 56 años, hasta que un terremoto la derrumbó.

de la estatua pudiera ayudar a sus esfuerzos de crear una **república** francesa. Bartholdi estuvo de acuerdo, aunque todavía no había decidido qué forma le daría a la estatua. En 1871 Bartholdi viajó a los EE.UU. en busca de respaldo para su causa.

Antes de poner pie en suelo estadounidense, Bartholdi halló el lugar perfecto para su estatua. Desde la cubierta del barco en el que viajaba hacia la bahía de Nueva York, vio una pequeña isla en el río Hudson. Ahora tenía su visión de la estatua: imaginó una escultura **colosal** de una mujer con una antorcha, de pie en la isla. Vio cómo los futuros viajeros que llegaban a los Estados Unidos serían recibidos por la estatua. Sería su primera y emocionante visión del Nuevo Mundo.

Durante los meses siguientes, Bartholdi viajó por los Estados Unidos mostrando un boceto de la estatua y promoviendo el proyecto. Muchas personas apoyaban la idea, pero ninguna estaba dispuesta a dar dinero para la causa.

Volvió a casa con las manos vacías, pero los franceses aún querían construir la estatua. Se estimó que costaría unos 250,000 dólares. De Laboulaye formó la Unión Franco-Americana con miembros de ambas naciones. Decidieron compartir los gastos. Francia pagaría la estatua y los EE.UU., el **pedestal**. Poco a poco, el dinero comenzó a llegar; muchas donaciones eran de niños franceses.

Bartholdi desarrolló varios modelos pequeños en arcilla, que mostraban la estatua en diferentes posturas. El modelo final fue revelado el 6 de noviembre de 1875, en una cena formal que celebró la Unión. Este modelo logró convencer a varias familias acaudaladas, como los Lafayette, a donar grandes cantidades de dinero para la causa. Por fin, Bartholdi pudo empezar a trabajar en su estatua.

Capítulo 2: La libertad se convierte en estatua

Bartholdi realizó un modelo en yeso para mostrarles a sus carpinteros, obreros del cobre y otros trabajadores cómo construir el **monumento**. Para calcular las dimensiones, es decir, las medidas reales, de los 151 pies (46 metros) de la estatua, se dobló el primer modelo para construir un segundo modelo, que tenía 9 pies (3 metros) de alto. Las dimensiones de este modelo fueron agrandadas 4 veces para hacer un modelo de 38 pies (11 metros). Éste se dividió en partes, y se multiplicaron las dimensiones de cada una de las partes cuatro veces para conseguir las medidas finales. Luego comenzó a trabajarse en lo que serían las manos de la estatua.

A medida que el proyecto avanzaba, se construyeron modelos más grandes. Se medían las líneas y las superficies, basándose en un conjunto de puntos marcados sobre los modelos y unidos por tiras de madera. Más tarde se cubría la madera con yeso para fabricar los modelos que se recubrirían con cobre.

Bartholdi eligió el cobre para la figura gigante porque era más liviano y más barato que el bronce o la piedra. Pero tendría que resistir la sal marina y los fuertes vientos de la bahía de Nueva York.

Cada detalle de la estatua ayuda a transmitir ideas sobre la libertad:

- La antorcha (A) representa la luz del conocimiento y la razón que conduce a la libertad. El nombre original de la estatua es "La Libertad alumbrando al Mundo".

- Las siete puntas de su corona (B) representan los siete mares y los siete continentes.

- La Libertad sostiene en su mano izquierda una tabla (C), que representa las Tablas de la Ley. La tabla tiene forma de una clave de bóveda. En arquitectura, una clave de bóveda es la piedra que se coloca en el centro de un arco para evitar que las otras piedras y el arco se caigan. Bartholdi utilizó la tabla con forma de clave de bóveda para simbolizar la idea de que las leyes traen estabilidad al gobierno **democrático**.

- La inscripción (D) en números romanos "July IV MDCCLXXVI" significa "4 de julio de 1776", fecha de la independencia estadounidense.

- La Libertad va vestida como la diosa romana Libertas. Lleva un manto, llamado palla, sobre una túnica drapeada, o estola (E).

- En sus pies lleva sandalias (F), símbolo de una persona libre. El pie derecho de la Libertad está levantado, como si se desprendiera de las cadenas rotas o grilletes (G) de sus pies. Bartholdi le dio esta pose para sugerir que lleva su antorcha para iluminar el camino hacia la libertad. Las cadenas de sus pies sólo pueden verse desde la antorcha o desde el aire.

Hubo también otro factor que considerar: la estatua estaría hueca. El artista necesitaba la ayuda de un ingeniero para asegurarse de que sería estable. Le pidió a Alexandre Gustave Eiffel que diseñara el **armazón** interior de la estatua. Sería el "esqueleto" que sostendría la "piel" de cobre de la estatua.

El diseño de Eiffel para el **armazón** era muy innovador. En el centro de la estatua, situó un pilón construido con cuatro vigas de hierro con remaches en forma de cruz. Un segundo armazón fue anexado al pilón. Ése sería el esqueleto de la estatua. Después, se colocaron láminas delgadas de cobre, la "piel", que fueron unidas al armazón mediante un conjunto de barras cortas. Esta estructura de vigas de hierro conectadas entre sí dio a la estatua resistencia y flexibilidad.

Debido al gran tamaño de la estatua, el cobre tuvo que dividirse en segmentos, o partes. Piezas de cobre cortadas de antemano se alisaron y martillaron a mano sobre el interior de los moldes para crear una imagen acabada en la superficie exterior. Este método se llama *repousse*.

Simbolismo en la Estatua de la Libertad

Bartholdi quería que la Estatua de la Libertad fuera un **símbolo** del deseo de todas las personas de ser libres. Creó una figura femenina al estilo de una diosa romana para representar el ideal universal de libertad. Quizás Bartholdi haya tomado el rostro de su madre como modelo para la estatua.

La antorcha llega a casa

Veinte hombres trabajaban doce horas por día en la estatua, pero el tiempo se acabó. No estaría lista a tiempo para la Exposición del Centenario de los EE.UU. en Philadelphia, Pennsylvania, en 1876. De modo que Bartholdi envió el brazo con la antorcha de la estatua como muestra de lo que estaba por llegar. Los estadounidenses no quedaron decepcionados. Cientos de visitantes caminaron dentro del brazo y subieron por una estrecha escalera hasta la antorcha, desde donde vieron los terrenos de la exposición.

El brazo y la antorcha de la estatua despertaron entusiasmo por el proyecto. En diciembre de 1876, se estableció el Comité Americano para recaudar fondos para el **pedestal** de la estatua. El 22 de febrero de 1877, el Congreso autorizó al gobierno a que aceptara la estatua y le buscara un sitio, además de proveer fondos para su mantenimiento.

Mientras tanto, los trabajos de la estatua continuaban. La cabeza y los hombros se terminaron a tiempo para la Exposición Internacional de París de 1878. La multitud la aclamaba, mientras la Libertad era conducida por las calles de París en un carro tirado por trece caballos.

La cabeza de la Libertad se exhibió en París en 1878.

Hacia julio de 1882, la parte superior de la estatua se había completado. En diciembre, Bartholdi informó al Comité Americano que la estatua ya sobrepasaba la altura de las casas y que en primavera se podría ver París desde ella.

EE.UU. construye el pedestal

La estatua estaba casi acabada, pero el Comité Americano no había hecho ningún esfuerzo para financiar su parte del proyecto: la construcción del pedestal. Por fin, en enero de 1882, el comité hizo un llamado para recaudar dinero a través de los periódicos de los Estados Unidos. Se pidió a todos que contribuyeran: desde ciudadanos particulares hasta cámaras de comercio, clubes sociales, comerciantes y organizaciones de estudiantes. El pueblo estadounidense, sin embargo, no fue muy generoso. Se recaudaron menos de 85,000 dólares. Para empeorar la situación, el Congreso votó en contra de un proyecto de ley que destinaría 100,000 dólares para la construcción del pedestal.

A pesar de estos contratiempos, Richard Morris Hunt, uno de los arquitectos estadounidenses más populares, trazó los planos para el pedestal. En abril de 1883, los obreros comenzaron a construir los cimientos.

El pedestal de cemento y granito fue toda una proeza. Se le puso el apodo de "el gran taburete de la Libertad". Al igual que la estatua, tiene unas proporciones, o medidas, descomunales. El pedestal mide 89 pies (27 metros) de alto y tiene unos muros de cemento macizo de 20 pies (6 metros) de ancho. Está situado sobre unos cimientos con forma de gran pirámide. Cuando se construyó, sus cimientos contenían la cantidad de cemento más grande jamás utilizada. El pedestal es tan grande que hoy en día alberga un museo.

Pulitzer rescata la estatua

Hacia marzo de 1885, la estatua se finalizó en París y estuvo lista para navegar a los EE.UU., pero los trabajos del pedestal se habían detenido. Aunque se habían recaudado 180,000 dólares, el costo total del pedestal se había duplicado con respecto a la primera estimación. La Estatua de la Libertad, como ya se conocía popularmente, llegó a Nueva York en 214 cajas y esperó su pedestal.

Joseph Pulitzer, un editor de periódicos, decidió liderar una campaña para recaudar más fondos. En parte, su objetivo era aumentar las ventas de su periódico. En mayo de 1883, su periódico, *The World* (El Mundo) publicó un editorial que regañaba a las personas ricas que no habían contribuido con el proyecto. Esta campaña no tuvo éxito, pero en marzo de 1885, Pulitzer renovó sus esfuerzos. Esta vez, publicó su editorial en primera plana todos los días, durante seis meses. Ahora el público respondió al llamado de Pulitzer con gran entusiasmo. Pulitzer publicó el nombre de todos los que mandaban una donación, por pequeña que fuera. Más de 120,000 estadounidenses donaron un total de 100,000 dólares.

El pedestal fue finalizado el 22 de abril de 1886. Para festejarlo, los trabajadores lanzaron puñados de monedas de plata en el mortero húmedo antes de colocar el último bloque de granito. Se enterró una caja de bronce en el interior de la piedra angular, que contiene periódicos del día, una historia de la estatua, información sobre la Declaración de Independencia, y una moneda de plata de cincuenta centavos de 1864.

Se inaugura la Libertad

El 28 de octubre de 1886, el público se reunió en Bedloe's Island para **inaugurar** la Estatua de la Libertad. Este grupo incluía a miembros de los comités francés y estadounidense, funcionarios de la ciudad, policías, cadetes, estudiantes, bandas, al presidente Grover Cleveland y a Frédéric Auguste Bartholdi. Los oradores oficiales estaban situados en una plataforma junto a la estatua.

La Libertad se ve parcialmente oscurecida por el humo de los cañones durante la ceremonia de inauguración.

Bartholdi subió hasta la corona de la Libertad. Tuvo el honor de tirar del cordón que retiraría la bandera francesa que cubría el rostro de la estatua.

Bartholdi estaba demasiado lejos para oír a los oradores. Se suponía que un muchacho que estaba cerca de la plataforma le indicaría cuando William Evarts, jefe del Comité Americano, terminara de hablar. Cuando el muchacho dio la señal, Bartholdi tiró del cordón, revelando el rostro de la estatua. Dispararon los cañones, se oyeron silbatos y el público gritó con entusiasmo.

Capítulo 3:
Madre de los exiliados

Bartholdi construyó su estatua como regalo de amistad y **símbolo** de libertad. Con el tiempo, y el rumbo de los acontecimientos de la historia estadounidense, la estatua tomó otros significados.

A finales del siglo XIX y principios del XX, los **inmigrantes** europeos entraban en los Estados Unidos en cantidades récord. Hombres, mujeres y niños llegaban a los EE.UU. en busca de una vida mejor. Sus países de origen tenían problemas: guerras, persecuciones, hambre y pobreza. Veían los EE.UU. como la tierra de las oportunidades. Para miles de personas, como previó Bartholdi, la primera imagen del Nuevo Mundo era la Estatua de la Libertad cuando navegaban hacia la bahía de Nueva York.

Ellis Island y la inmigración

En 1808, el estado de Nueva York vendió Ellis Island al gobierno de los EE.UU. Durante la Guerra de Independencia, los británicos habían navegado hasta la bahía de Nueva York sin problemas.

Tras la guerra, el gobierno se dio cuenta de que necesitaba defender la bahía. Las fortificaciones construidas en Ellis Island ayudaron a defender el país de los británicos durante la guerra de 1812. La isla recibía su nombre del comerciante de Nueva York Samuel Ellis, que había sido propietario de la isla. Durante mucho tiempo se arrojó basura de los barcos en la isla, y gran parte de sus 27 acres actuales (11 hectáreas) es un vertedero.

Antes de 1890, cada estado había controlado de forma individual la inmigración al país. En 1892, seis años después de la inauguración de la estatua, la cercana Ellis Island se convirtió en estación de entrada oficial para la inmigración. Más de 12 millones de inmigrantes fueron admitidos en los EE.UU. a través de Ellis Island. Se cree que casi el 40 por ciento de todos los estadounidenses vivos hoy en día pueden rastrear sus orígenes a uno de esos 12 millones. Annie Moore, una chica irlandesa de quince años, fue la primera inmigrante en pasar por Ellis Island.

Los pasajeros de primera y segunda clase hacían sus trámites en los barcos en los que llegaban. Se asumía que todo el que podía pagar un pasaje de primera clase no sería una carga para su nuevo país. Los pasajeros que viajaban en tercera clase eran transportados a Ellis Island para realizarles exámenes médicos y legales. Al dos por ciento de los inmigrantes, aproximadamente, se le negó la entrada. En la mayoría de los casos se negaba la entrada por motivos médicos, por ejemplo, si los doctores pensaban que la persona tenía una enfermedad contagiosa.

Un funcionario examina los ojos de los inmigrantes a los EE.UU. como parte del examen médico en Ellis Island.

En 1897, un incendio destruyó la estación de entrada por completo. Algunos documentos de inmigración que databan de 1855 fueron destruidos por el fuego. El 17 de diciembre de 1900, se inauguró un nuevo edificio resistente al fuego y ese día pasaron por allí 2,251 inmigrantes.

Los inmigrantes siguieron llegando en grandes cantidades a Ellis Island hasta 1924, cuando su papel como estación de entrada disminuyó. En 1943, la mayoría de los trámites de inmigración se hacía en la propia ciudad de Nueva York. En 1956, se cerró la estación de Ellis Island y los edificios comenzaron a deteriorarse. En 1965, Ellis Island pasó a formar parte del Monumento Nacional de la Estatua de la Libertad. Ciudadanos particulares recaudaron dinero para restaurar la isla, y su edificio principal fue abierto de nuevo en 1990 como museo.

Muchos de los inmigrantes que entraron a los EE.UU. a través de Ellis Island huían de la pobreza, la persecución religiosa y la agitación política. Era apropiado que lo primero que vieran de su nuevo país fuera la Dama de la Libertad.

Emma Lazarus

El 2 de noviembre de 1883, Emma Lazarus escribió un poema para una recaudación de fondos. El soneto tenía como objetivo reunir dinero para costear el **pedestal** de la estatua.

Lazarus escribió acerca de la Estatua de la Libertad. Aunque era hija de un hombre rico, Lazarus había trabajado mucho con los **inmigrantes** rusos más pobres de Nueva York. En su poema, capturó la necesidad de libertad y protección de los inmigrantes.

Comparó la Estatua de la Libertad con el Coloso de Rodas. Pero a diferencia del valiente conquistador, la Estatua de la Libertad era una madre de ojos bondadosos, que daba la bienvenida a los pobres del mundo a la tierra de la libertad. El poema dio un nuevo significado a la estatua. La convirtió en un **símbolo** de la esperanza de una nueva vida, libre de **opresión**. En 1903 el poema fue grabado en una placa que se colocó en uno de los muros del pedestal.

Preservar la estatua

Inicialmente, la administración de la estatua estaba a cargo de la comisión de faros.

Se conoce a Emma Lazarus por su poema "The New Colossus" (El Nuevo Coloso), que se encuentra en una placa sobre el pedestal de la Estatua de la Libertad.

The New Colossus (El Nuevo Coloso)

A diferencia del famoso gigante griego de bronce,
sus extremidades conquistadoras a horcajadas de una tierra
a otra; aquí en nuestras puertas del ocaso, bañadas por el
mar se alzará una poderosa mujer con una antorcha cuya
llama es un relámpago atrapado y su nombre,
Madre de los Exiliados. De su mano como un faro
resplandece la bienvenida a todo el mundo; sus bondadosos
ojos observan el puerto con puentes de aire que une las
ciudades gemelas.
"¡Quedaos, tierras antiguas, vuestra pompa historiada!" grita
con labios silenciosos. "Dadme vuestros seres pobres y
cansados. Dadme esas masas ansiosas de ser libres,
los tristes desechos de costas populosas.
Que vengan los desamparados. Que las tempestades batan.
Mi antorcha alumbra un umbral dorado".

Se creía que la estatua podría funcionar también como faro.
Sin embargo, su antorcha no daba suficiente luz. En 1901,
su administración se cedió al Departamento de Guerra de
los EE.UU.

El Comité Americano ayudó a crear el negocio turístico de
la estatua. Comenzó con un servicio de ferry para seguir
recaudando dinero para su mantenimiento. Grupos de visitantes
llegaban a la isla. Les encantaba subir por las escaleras de
caracol para llegar hasta las ventanas de la antorcha y la corona.
Finalmente, los problemas estructurales y los estrechos pasajes
hicieron que el brazo fuera poco seguro. Se cerró la antorcha
a los visitantes en 1916. La estatua fue declarada monumento
nacional por el presidente Calvin Coolidge, el 15 de octubre de
1924, y encargó su cuidado al Servicio de Parques Nacionales
en 1933. En 1956, Bedloe's Island fue rebautizada como Liberty
Island (Isla de la Libertad).

Capítulo 4: La Estatua de la Libertad hoy en día

En 1986, la Estatua de la Libertad celebró su centenario. Ya se le notaban los años. El tiempo, la contaminación y el ir y venir de los visitantes habían causado daños que había que reparar. En 1982, comenzaron las campañas para reunir fondos para el proyecto de reparación. La respuesta del pueblo estadounidense fue increíble. Donaron más de 500 millones de dólares para la restauración, conservación y mantenimiento de la Estatua y de Ellis Island.

Un ejército de arquitectos, ingenieros e historiadores pusieron manos a la obra. El primer problema que enfrentaron los arquitectos fue que Bartholdi y Eiffel no habían dejado planos detallados que mostraran cómo habían diseñado y construido la estatua. Equipos de investigación franceses y estadounidenses utilizaron fotografías antiguas, notas, bosquejos, cartas y un sinfín de medidas para crear un grupo completo de planos de ingeniería y arquitectura. Se usaron estos planos para hacer modelos por computadora.

La gente estaba preocupada porque creía que, al limpiarse el exterior, se eliminaría la maravillosa pátina que da a la estatua su color verde. El equipo empleó guías y métodos modernos de conservación y restauración. Se hizo todo lo posible para preservar la pátina, que protege al metal de la corrosión, o desgaste. El exterior se lavó a presión para quitar las manchas y los desechos de las aves.

Otras medidas de restauración incluyeron: quitar la corrosión y la herrumbre, reemplazar el **armazón** y los remaches, reparar grietas en la nariz, ojos, labios y barbilla, colocar un rizo de pelo que faltaba y reparar los grilletes. El equipo descubrió que el brazo y la antorcha no estaban bien alineados. Por último, la antorcha, que había sido rediseñada , fue restaurada según el plan original de Bartholdi. La **inauguración** de la estatua restaurada tuvo lugar el 28 de octubre de 1986.

Símbolo eterno

Hoy en día, la Estatua de la Libertad es tan popular como siempre. Miles de turistas toman ferries desde Manhattan y New Jersey para visitarla. Poco después de los ataques terroristas del 11 de septiembre de 2001, el Servicio de Parques Nacionales cerró brevemente la Estatua. En la actualidad, gran parte de la estatua y de sus instalaciones están abiertas de nuevo a los visitantes.

La imagen de la Estatua es conocida en todo el mundo. Se ha usado para todo: desde anuncios hasta carteles de alistamiento en tiempos de guerra. La Dama de la Libertad incluso ha aparecido en películas. Quizá su papel más famoso fue en *El planeta de los simios*. Al final de la película, aparece semienterrada en una playa desierta. Su presencia demuestra que el planeta de los simios es, en realidad, la Tierra.

Se han hecho muchas réplicas, o copias, de la estatua. En Francia, hay una réplica más pequeña en una isla del río Sena, en París. Hay una copia en el pueblo natal de Bartholdi, Colmar, y otra en Burdeos. Durante 100 años, hubo una réplica de 37 pies (11 metros) en la parte superior de Liberty Warehouse en Manhattan.

Ahora, esta réplica es parte de la colección del Museo de Arte de Brooklyn.

El 30 de mayo de 1989, el mundo vio una nueva Diosa de la Libertad. Estudiantes chinos construyeron una estatua de yeso y espuma de poliestireno de 28 pies (10 metros) de altura. Es una joven que sostiene una antorcha con sus dos manos. Los estudiantes levantaron su estatua en la Plaza de Tiananmen para mostrar su apoyo al movimiento a favor de la **democracia** en China. La Diosa de la Libertad estuvo en pie durante 5 días, antes de que los tanques del ejército la demolieran. La protesta terminó de forma violenta, pero la imagen de la Diosa China de la Libertad se retransmitió por todo el mundo. La Estatua de la Libertad continúa siendo un **símbolo** que inspira, de forma universal la esperanza de libertad y democracia.

Los manifestantes en la Plaza de Tiananmen muestran su Estatua de la Libertad.

Línea cronológica

1865 Finaliza la Guerra Civil. Nace la idea de una estatua durante una cena en casa de De Laboulaye en Francia.

1871 Bartholdi llega a los EE.UU.

1876 Se muestra el brazo con la antorcha en Philadelphia.

1877 El Congreso acepta la Estatua de la Libertad como regalo de Francia.

1878 Se muestra en París la cabeza de la estatua.

1881 Hunt comienza el diseño de su **pedestal**.

1884 Se completa en París la construcción de la estatua.

1885 Se divide la estatua en partes y se envía a los EE.UU en barco. La campaña de Pulitzer ayuda a terminar el pedestal.

1886 Se completa el pedestal. Se vuelve a ensamblar la estatua. El 28 de octubre se inaugura "La Libertad alumbrando al Mundo".

1924 La Estatua de la Libertad es declarada monumento nacional.

1956 Se bautiza Bedloe's Island como Liberty Island.

1986 Se completa la restauración de la estatua, al cumplir ésta sus 100 años. La Estatua de la Libertad celebra su centenario el 4 de julio y es reinaugurada de forma oficial el 28 de octubre.

Más información

Datos de interés sobre la Estatua de la Libertad

- Con vientos de 50 millas (80 kilómetros) por hora o más, la Estatua de la Libertad se mueve 3 pulgadas (8 centímetros) a cada lado. La antorcha se mueve 5 pulgadas (13 centímetros).

- Una sola uña de la estatua pesa unas 3.5 libras (1.5 kilogramos).

- El peso total de la Estatua de la Libertad es de 450,000 libras (225 toneladas).

- Si fueran hechos de tela, los ropajes de la Estatua de la Libertad medirían aproximadamente 4,000 yardas cuadradas (3,658 metros cuadrados).

- Cada pie de la Estatua de la Libertad mide 25 pies (8 metros) de largo. Su talla de zapato en los EE.UU. sería ¡879!

El Monumento Nacional de la Estatua de la Libertad está abierto a los visitantes todos los días, excepto el 25 de diciembre. Para saber más sobre cómo visitar la Estatua, visita: www.nps.gov/stli/

Otro libro para leer

Burns Knight, Margy. *¿Quién es de aquí? Una historia americana.* Tilbury House Publishers, 1995.

Glosario

armazón estructura que usa un escultor para sujetar su modelo

colosal de gran tamaño

dedicar destinar un edificio, por ejemplo, para un fin importante

democracia gobierno en el que el pueblo tiene el poder

escultor artista que crea estructuras o estatuas

inmigrante persona que se traslada a otro país

monumento estatua o edificio que se crea en honor a una persona, grupo o evento

opresión mantener sometidos mediante un trato duro e injusto

pátina capa verde que se forma sobre el cobre cuando se ha expuesto al aire durante largo tiempo

pedestal base de una estatua

pilón estructura en forma de torre

república gobierno con un jefe de estado, por ejemplo, un presidente

símbolo algo que representa otra cosa

Índice